**Audrey Jégou**

# 100 PISTES
# DE RÉFLEXION

*illustrations : Katia Le Page*

Dépôt légal : juin 2015
réédition : **janvier 2016**
ISBN : 978-2-32204-490-0
Éditeur : BoD - Books on Demand
12/14 rond-point des Champs-Élysées - 75008 Paris - France

## Avant-propos :

Qui ne s'est jamais un jour interrogé sur un objet ou une notion du quotidien ?

Bien sûr, cela peut survenir de façon inconsciente mais ces réflexions sont, selon moi, dignes d'être exploitées et reconnues. J'ai donc voulu transposer à l'écrit toutes ces interrogations et les présenter sous forme de devinettes. Il s'agit ainsi d'essayer de faire deviner les objets ou notions qui ont traversé mon esprit dans un temps donné, à l'aide d'un court texte constitué de périphrases synonymiques.

# 1.

Infime fragment d'univers, tu parcours des abîmes aqueux et infinis. Ta beauté telle une scène crépusculaire, ensorcelle quiconque assez crédule pour te penser éternel. Le temps d'un soupir, d'une vague se brisant sur un rocher et ta robe dorée, d'ébène ou de feu devient cristal. Perdu dans l'immensité, ton futur, d'une oscillation de doigts est menacé. Tu t'envoles alors d'une silencieuse et certaine délectation. Néanmoins remplacé, tu demeures à toujours.

## 2.

Solides, liquides, gazeux, infinis sont les milieux que tu frôles, tapes ou touches lors de ton passage. D'une allure convenue, souple ou assurée sans en prendre conscience tu arpentes d'innombrables surfaces sur lesquelles l'œil humain ne s'attarde que trop peu ayant d'autres préoccupations plus lointaines et élevées. Base de l'équilibre, tu es la membrane frontière entre l'homme et la Terre.

## 3.

Les mœurs t'accueillent, tu es attrayant. Ta couleur ébène envoûte et attise la convoitise des individus assez crédules pour te penser inoffensif. Une fois assimilé, le corps t'archive et demande ta visite le plus régulièrement possible. Beaucoup continuent à t'accueillir jusqu'à leur dernier soupir, chez peu d'entre eux le courage s'établira afin de t'interdire le passage et de te mépriser comme tu les dédaignes.

## 4.

Instant éphémère d'un éternel recommencement, passage imposé néanmoins apprécié tu enflammes les cœurs et gèles les mains de ta pâleur ombragée. Profondément apprécié par les enfants, tu peux être la matrice d'une angoisse pour les plus conscients. Tu t'installes quelque temps puis t'en retournes afin de te présenter une fois encore l'année suivante. Avec la poudre blanche que tu fais se poser sur notre sphère, tu émerveilles les plus petits le temps de quelques semaines puis tu t'envoles laissant place à un soleil encore timide qui parviendra à faire oublier tout ce que tu avais gelé.

## 5.

Transparente mais indispensable tu côtoies chacun de nous. À travers ton étendue certains s'évadent, d'autres se rassurent quand les derniers se font justiciers. Frontière entre deux mondes, l'un connu et l'autre réservoir de mystères. Au fil du temps ta présence devient dans les esprits une norme, tu t'effaces mais sans aucun désir de remerciement tu protèges notre vulnérabilité de la masse informe et inconnue de l'immensité environnante.

## 6.

Chacun de nous prétend te connaître, prétend que tu es un objet de rêverie, de contemplation que tu illumines les vies. Pour certains, tu es signe de chance, pour d'autres une simple particule insignifiante. Tu peux devenir un modèle pour la confection de bijoux ou de jouets pour enfants. Tous prétendent te représenter à la manière des réalistes, fidèlement et sans aucune idéalisation, mais en réalité personne ne te connaît véritablement, tu restes mystérieuse, et là est la raison de l'engouement : la possibilité de t'imaginer à notre guise.

## 7.

Vers toi convergent tous les flux, source de vie, tu l'es aussi d'ennuis. Un performant mécanisme qu'une infime molécule peut détruire en un instant. Tes courbes sont une insatiable source d'inspiration une fois la réalité arrangée au plaisir visuel. Présent en chacun de nous, tu restes néanmoins une perle fragile et rare dont nous comprenons la juste valeur au moment précis où celle-ci est menacée.

## 8.

Nourrissante ou objet utilisé afin de communiquer le mépris tu peux prendre plusieurs formes, mais tu restes la même, indéfinissable et objet de conflit quant à ta détermination. Origine de la scission d'un groupe donné qui quelques fois ne s'entend pas sur ta nature propre. Tu peux prendre la couleur du feu, de l'or ou de l'émeraude, mais ton goût reste inchangé à la fois sucré et iodé tu régales les petits comme les grands.

## 9.

Tu gâches la vie de certaines personnes quand pour d'autres tu n'es qu'une bagatelle. Amas de substances inconnues, sans prévenir tu franchis le seuil et pour un certain temps restes près de nous. À ton arrivée, nous essayons de te chasser, mais bien décidé à rester tu t'épanouis et grandis changeant de couleur au gré de tes envies. L'heure du départ, toi seul la choisit, inutile donc de persévérer à t'éradiquer car telle une punition, lors de chaque manipulation ta superficie s'étend et tu retardes un peu plus l'heure de ton dernier soupir.

## 10.

Tu t'installes en une poignée de secondes, matière immortellement présente. Quelquefois nocive pour la santé des plus fragiles tu restes pour chacun de nous un fléau nécessitant un combat de tous les instants. Fermer les yeux, espérer ne pas te voir est une disposition inutile car au moindre mouvement ton déplacement est inévitable. Sortie des méandres de la demeure du dieu lare à peine éradiquée, tu reviens tout en finesse te déposer sur toute surface prête à t'accueillir.

## 11.

Ton apparence se décline à l'infini et ta silhouette n'est jamais la même que celle de tes semblables. Tu peux être utilisé en guise de décoration pour un massif ou en guise de projectiles, mais ta solidité et ta robustesse restent les mêmes. Parfois, tu t'accroches aux semelles et atterris au cœur des maisons, mais à peine entré, nous te rejetons ta place n'est pas là. Dans certains foyers, au contraire, tu fais office de décoration, mais dans ce cas tu portes un nom particulier, tu es bien plus gros et as pour but de rappeler les moments passés à se prélasser sur le sable fin des jolies plages.

## 12.

Ta blancheur en préambule, devient grisâtre ou jaunâtre au fil des années et de l'alimentation. En exorde, tu t'échappes et laisses ta place à d'autres bien plus fortes que tu ne l'es toi pour affronter la vie. Tu es néanmoins conservée par certains qui voient en toi les souvenirs de leur jeunesse. La remplaçante une fois arrivée devra s'armer de courage et affronter sa longue existence à venir. D'une beauté éphémère, tes propriétaires prennent conscience de ta convenance à l'instant où celle-ci est menacée. Tu étais la plus forte et solide, la nature ne peut te remplacer une fois encore, tu laisses après toi une cavité béante que seule la main de l'homme pourra combler.

## 13.

Pour beaucoup tu n'es pas un objet de convoitise, tu es tout au plus une unité indispensable que l'on trouve dans la normalité de pair. Nous désirons souvent t'apprêter l'été pour sortir, les femmes n'apprécient guère ta nudité sans quelques dispositions au préalable. Unité que l'on peut qualifier de difforme, tu es néanmoins indispensable aux déplacements quotidiens. Très souvent camouflé, élégamment ou non, ton étouffement journalier peut être à l'origine de l'odeur nauséabonde que tu laisses se dissiper lors de ta libération.

## 14.

Souvent indispensable au règne animal, tu es pour l'homme une particule d'une éternelle laideur. Certains fusionnent avec toi leur imagination et parviennent à en faire une œuvre éphémère. Tu es parfois un atout, une couche protectrice donnant à l'être qui te porte confiance et virilité. Plus discret en d'autres circonstances tu deviens un écu contre les éléments étrangers, personne n'ose alors te chasser à la seule condition que tu conserves ton humilité et ne te montres point.

## 15.

Tantôt sèche, tantôt humide il est possible de te trouver en de nombreux endroits, tu peux border les avenues ou devenir la matière première de la composition d'une parcelle d'univers. Une fois entrée en contact avec l'eau ou toute autre matière liquide tu deviens glissante et parfois redoutable tu t'attaches alors aux semelles des chaussures. Si un quelconque homme ou animal a le malheur de te piétiner au cours de cette période humide, le signe de son passage restera gravé au sol après la solidification de celui-ci et jusqu'à la prochaine pluie ou jusqu'au prochain passage.

## 16.

Invoquée par les Dieux pour purifier le monde dans les mythes ancestraux, tu es pour les plus modernes une simple réaction temporelle. Utile pour certains qui voient en toi un élément météorologique précieux pour leurs récoltes, tu es pour d'autres l'objet d'un véritable problème condamnant certains à rester au foyer et cachant la vue à d'autres plus téméraires qui ont osé te braver. Certains voient en toi une source d'économie car tu remplaces une matière identique mais monnayable, quand d'autres y voient une source d'ennuis par ton infiltration dans les moindres recoins, tu humidifies les objets que tu touches de ta divine légèreté.

## 17.

Ta couleur dorée devient argentée au contact de l'étendue liquide que tu surplombes de ton infime légèreté. Quasiment invisible dans ton individualité, tu formes, en groupe, l'étincelant miroir du soleil levant. Outre ta beauté certaine, tu te faufiles où l'œil ne te voit pas mais où l'épiderme te sent. D'un souffle tu t'envoles vers d'incertains horizons jusqu'à retomber tel un pétale léger.

## 18.

Dénué de saveur dans ton individualité, tu procures, lors d'un alliage avec tes semblables, un tout autre goût aux objets sur lesquels tu es finement déposé. Ton apparence est si commune qu'elle pourrait être confondue avec celle d'une autre substance de même fonction mais d'un goût diamétralement opposé. Malgré ta provenance naturelle, né au cœur des flots, tu restes pour certains d'entre nous un réel danger lors d'une consommation excessive.

## 19.

Nous t'achetons, te descendons, te vidons et te remplissons indéfiniment. Objet éphémère, ton nom est aussi celui où s'écoulent tes jours. Tu dégages une odeur nauséabonde, néanmoins personne ne peut se séparer de toi tant ton utilité est proclamée. Ta taille et ta couleur sont susceptibles de changer, mais ta place reste souvent la même, au cœur du foyer. Le simple fait d'exister profère à un grand nombre d'entre nous une source de revenus mensuels qui sans toi ne serait pas assurée. Une fois remplie, nous te chassons du foyer afin de te remplacer par une de tes semblables qu'il s'agira d'emplir puis de remplacer et cela indéfiniment.

## 20.

Tu es susceptible de provoquer les pleurs de chacun, jusqu'au plus heureux des hommes. À ta simple vue, les larmes sont irrémédiablement incitées vers la sortie et arpentent l'étendue des visages jusqu'à mourir au cours de leur chute. D'aucune manière, même la plus scientifique nous ne pouvons les retenir. Outre ce pouvoir, tu relèves les meilleurs plats de ton goût si singulier. Ton manteau couleur de feu, une fois découvert par la main de l'homme, laisse entrevoir ton cœur blanchâtre, objet de convoitise.

## 21.

Nous t'avons tous portée au commencement de nos vies. Les années passant, ton apparence et ton confort changèrent mais ton utilité resta constante. Objet plus ou moins indispensable au début et à la fin de la vie, tu t'absentes chez l'enfant et l'adulte afin d'être remplacée par un objet plus grand et solide qui n'est plus à usage individuel et éphémère mais commun à un ensemble donné. Ceux qui te portent t'apprécient car tu leur garantis une certaine propreté, mais ceux qui te changent ne sont pas admiratifs de ta présence, ton odeur étant repoussante, il est nécessaire de se contraindre afin de garantir le confort de celui ou celle qui ne peut te remplacer régulièrement par lui-même.

## 22.

Tu te caches pour mieux exister. Tu n'es pas invitée et sans présentations tu t'installes auprès des autres te cachant de l'œil humain qui à ta vue frémit et déjà cherche la manière par laquelle il pourra t'éradiquer. Tu peux revêtir d'innombrables apparences mais tu ne parviens jamais à égaler l'apparence des invités eux-mêmes tant ta beauté est subjective et la leur certifiée. Chez certains, ta présence attenante à leur demeure n'est pas dérangeante, pour d'autres, elle devient un affront tel qu'ils engagent contre toi une lutte effrénée.

## 23.

Sournois volatile, tu te présentes au sein de somptueux paysages. Tu parais ainsi inoffensif et chacun apprécie ta présence survolant la foule, mais sournoisement, sans le laisser présager, tu t'approches de nous et, en dépit de l'apparente pureté de ton pelage ivoire, tu te permets toutes sortes de défections. Tu donnes le sourire aux voyageurs qui, sans se douter de tes fâcheuses tendances, te donnent à dévorer le reste de leur déjeuner. Afin de les remercier, tu restes fidèle aux habitudes que l'on t'octroie et leur offre une partie de ton être.

## 24.

Ton existence peut se teinter de différentes couleurs. Extrêmement prisé par certaines femmes, tu habilles certains endroits de leur corps tantôt cachés tantôt entièrement découverts. Devenu au fil des ans, un véritable objet de mode, la locution qui te désigne comporte en son sein la couleur la plus utilisée pour revêtir certains endroits du corps de la gent féminine, mais à peine appliqué, nos mouvements quotidiens te dégradent et provoquent jour après jour ta disparition.

## 25.

Chaque enfant a une perception très onirique et subjective de ton goût, tantôt saveur de fraise, tantôt chocolat, mais pour les adultes tu es amer et plus iodé que chocolaté. Tu as attisé la curiosité de beaucoup d'entre nous qui t'avons au moins une fois portée à nos lèvres et qui, avec toute la mauvaise foi dont un enfant peut faire preuve, avons affirmé le raffinement de ta saveur. Parfois collante, à d'autres moments, sèche, tu restes un mystère de la nature pour beaucoup d'entre nous. Un mystère conçu pour nous protéger des impuretés environnantes.

## 26.

Substance liquide et glutineuse, tu te trouves au sein de la cavité buccale de chaque être humain et dans celle de certains animaux. Au cours de l'adolescence, les individus masculins, principalement, aiment à t'extraire non sans une certaine exagération physionomique et un tel vacarme que cela contribue à faire d'eux des « malpolis ». Chez les animaux cette impolitesse est involontaire, tu dévales leurs gueules tout au long de la journée sans qu'ils ne puissent rien y faire. Malgré ton aspect cristallin, le dégoût que tu inspires perdure.

## 27.

Substance naturelle et éphémère une fois extraite du lieu de ta production tu deviens porteuse de sens. Tu es généralement invoquée par la tristesse, mais pour les plus petits tu deviens un véritable moyen de communication jusqu'à ce que la parole soit acquise et maîtrisée. Une fois sécrétée, tu provoques la pitié des personnes qui te voient de l'extérieur dévaler les collines du visage d'un autre. Chez les enfants, tu es souvent accompagnée de cris stridents, les adultes, au contraire, cherchent à te cacher tant ils refusent de montrer la faiblesse de la nature humaine, mais tu rougis les yeux et contrains celui qui t'a vu naître à expliquer à ses semblables la raison pour laquelle tu te trouvais là.

## 28.

Lisses, doux, soyeux, quelques fois ondulés, vous êtes en groupe fins ou épais, mais vous vous répandez toujours dans les moindres recoins une fois détachés de votre lieu de naissance. Longs ou courts suivant l'espèce de votre propriétaire. Souvent porteurs d'une odeur nauséabonde, vous êtes néanmoins utiles à celui qui vous porte et qui, sans en prendre conscience, peut affronter l'hiver sans encombre grâce à votre présence en masse. Votre couleur tout comme votre aspect dépendent de l'espèce de votre propriétaire. Vous attirez toujours, en compagnie de beaucoup de vos semblables, la tendresse des hommes qui ne peuvent se retenir de passer leurs mains sur le pelage que vous formez.

## 29.

Tu maintiens la vie durant de très longs mois. Tu relies deux entités dont l'une vit en autosuffisance quand l'autre a besoin de ton transport. Matière glutineuse, bleuâtre et non régulière, une fois ton devoir accompli nous te sectionnons en un geste symbolique effectué dans de nombreux cas par celui qui, dans ce processus de nutrition, ne pût rien faire. L'être en devenir conserve tout de même une trace de ta présence passée jusqu'à ce que celle-ci tombe toute seule, laissant après elle une petite cavité. Aucun de nous ne parviendra à se souvenir précisément de ta présence, mais nous avons tous et toutes eu un jour besoin de toi.

## 30.

Tu peux divertir, blesser ou ôter la vie suivant le matériau de ta composition, l'endroit de ta vente et le public auquel tu es destiné. Dans certains pays, ton achat est vivement contrôlé, dans d'autres, la majorité est la condition nécessaire et suffisante pour quiconque désire te posséder. Ton apparence se décline de différentes manières suivant l'usage que ton propriétaire fera de toi. Ta taille également varie, certains ont la taille d'entrer dans un sac à main quand pour d'autres, il faut la taille du coffre d'une automobile. Néanmoins, ta dangerosité reste la même si ton authenticité est attestée, une simple pression de doigts et tu peux prendre la vie du malheureux se trouvant face à l'objectif.

# 31.

Présentes depuis des millénaires sur les côtes maritimes, ton apparence peu envoûtante, se décline selon plusieurs formes, tantôt longue et fine, tantôt plus solide prenant alors des formes toutes différentes. Ta couleur également peut varier, bientôt couleur ébène, tantôt plus verdâtre. Au fil des décennies, ta présence est devenue plus massive due aux agissements de l'homme moderne. Aujourd'hui tu es même devenue l'accompagnement de certains plats raffinés, mais ton apparence fait toujours fuir les plus grands, voire les plus petits qui n'aiment pas se jeter à l'eau quand tu flottes à la surface des mers du monde.

## 32.

Petit objet en métal pour les plus courantes tu n'as d'autre fonction que de permettre aux hommes l'entrée dans le foyer. Nous te possédons tous, certains même en possèdent plusieurs dizaines, chacune ayant son utilité propre. Tu te déclines aujourd'hui de toutes les couleurs afin de pouvoir devenir un objet singulier et spécifique à la singularité de chaque possesseur. Indépendamment de cette utilité affirmée, ton terme comporte également une signification symbolique qui est celle de l'ouverture. Beaucoup d'entre nous en possèdent une, celle du cœur de l'être aimé.

## 33.

Ta couleur varie selon les intérieurs et les goûts de ton propriétaire. Ta taille et ta forme elles aussi sont changeantes, mais tu gardes toujours la même appellation. Tu es utilisée à tout moment de la journée et nous passons bien souvent le plus clair de notre temps sur ta surface, aussi bien pour travailler que pour se reposer ou atteindre la taille appropriée afin d'espérer pouvoir approcher l'objet ayant été rangé trop en hauteur. La majorité de la population te possède pour partager au moins une fois dans la journée un moment de convivialité autour de mets nourrissants.

## 34.

Tu es un matériau indispensable à tous les foyers qui te possèdent sous différentes formes et pour différentes fonctions. De plus, tu sers parfois à tenir chaudement le foyer durant l'hiver. Malgré ce besoin exacerbé, les hommes ne cessent de rudoyer la source de ta provenance n'ayant aucun scrupule à extraire les plus anciens de tes congénères. Ressource naturelle, tu n'es à l'abri d'aucun séisme. Le moindre incendie ou la moindre tempête est susceptible de te détruire et de compromettre notre confort car la vie des hommes serait menacée si nous te consommions jusqu'à totale disparition.

## 35.

Créature d'une solidité mise à rude épreuve par la nature qui pourtant t'a fait naître. Tu parais robuste et infaillible grâce à ta taille souvent prépondérante et à ton diamètre pouvant dans certains cas correspondre à celui de plusieurs hommes accolés. Néanmoins, durant les plus graves séismes il arrive que ta force ne soit plus suffisante pour te faire tenir debout et les plus anciens de tes semblables ne sont pas à l'abri de s'écrouler un jour sur une route de campagne. Tu existes en différentes espèces, mais nous t'appelons toujours par le même nom, beaucoup plus neutre que celui qui t'es propre et qui est probablement trop « scientifique » à notre goût.

## 36.

Petit objet présent dans le cartable des écoliers, tu te déclines de différentes couleurs et est éphémère. Tu as le pouvoir de modifier une erreur ou de faire disparaître à jamais une conversation personnelle échangée entre deux camarades en toute discrétion. D'une extrême légèreté, ils te perdent régulièrement, tant ton poids ne provoque aucune nuisance sonore lors d'une chute au pied des tables. Petit objet sans importance, tu es tout de même devenue le titre d'un célèbre roman de Robbe-Grillet, mais rester dans la lumière n'est pas ton credo, et ton utilité première te suffit amplement. Tu resteras peut-être durant quelques années encore l'objet capable d'effacer les pires erreurs.

## 37.

Nous te produisons en une matière éphémère et en un support qu'il est possible de conserver durant de nombreuses années. Une minorité d'entre nous te possède sous ta forme réutilisable, la société a évolué. Ceux qui te possèdent encore aujourd'hui sous cette forme, te trouvent quelques avantages tels que ta douceur, ou ton aspect économique. Pour les autres, tu es « passé de mode » et peu hygiénique, ils remplacent donc ton tissu soyeux par un papier plus rêche et éphémère.

## 38.

Tu te déclines en de différentes tailles, couleurs et espèces, mais ta beauté est toujours reconnue par quiconque ayant la sensibilité suffisante aux émotions que tu dégages. Nous t'offrons souvent pour diverses occasions et ton espèce est, dans le cadre de ces présents porteuse de sens. Certaines de tes semblables sont caractérisées par leur odeur ou la période de leur apparition. Tu illumines les jardins quand vient le printemps et à cette même période tu es souvent sectionnée à la racine et te retrouves au centre d'une table afin d'égayer et de désodoriser les demeures.

## 39.

Tu surplombes l'étendue sur laquelle tu es accroché. Beaucoup d'entre nous désirent te modifier prétextant ta forme ingrate ou ta superficie trop importante. Une fois la bourse vidée, et des heures passées allongée pour la personne qui te désirait autre, tu es changé pour le plus grand bonheur de celle-ci qui n'avait pas su voir en ton défaut, ta splendeur comme ont su le faire les baroques avec les irrégularités des formes il y a quelques décennies. Le désir de beauté aujourd'hui a fait oublier ta fonction première, une fonction vitale.

## 40.

Apparu il y a seulement quelques décennies, tu es aujourd'hui un élément incontournable chez nombreux d'entre nous. Petit bijou de technologie tu peux également apparaître entre les mains des plus petits qui peuvent développer, de la même façon que pourrait le faire un individu face au tabac par exemple, une certaine addiction. Tu peux simplifier la vie mais pour les plus jeunes, tu ne provoques qu'un goût et un désir de la facilité ainsi qu'un oubli des plaisirs éprouvés après une après-midi de jeux au grand air. Malgré toutes ces contre-indications ta popularité devrait accroître ton développement au sein de nombreux foyers férus de nouvelles technologies.

## 41.

D'un vert éclatant ou plus terne selon ton appellation, tu es un être vivant entré dans le quotidien, tu bordes les buildings ou les champs. À la campagne, nous te côtoyons avec indifférence, tant ta présence est établie et utile. En ville, au contraire, ta présence étant plus rare, tu peux devenir une échappatoire, un moyen de s'évader et ton odeur est d'autant plus évocatrice qu'elle est rare. De loin, immobile et donnant l'impression d'être sans vie, nous pouvons nous apercevoir, de plus près que perdu dans ton immensité, se cache un véritable lieu de vie animé.

## 42.

Le terme qui te désigne est polysémique. Néanmoins, dépendamment du contexte, ton évocation renvoie, au sein de l'imaginaire collectif à une saison de l'année au cours de laquelle les paysages évoluent et au cours de laquelle tu passes du statut d'être vivant qui surplombes les visages à celui d'objet devenu trop encombrant et qu'il faut évacuer des trottoirs trop fréquentés où ta présence mêlée à celle de la pluie peut être à l'origine des glissements piétonniers.

## 43.

Tu es l'un des premiers dangers signifiés aux enfants. En effet, présent en de nombreux lieux au sein du foyer, tu représentes un danger constant et chacun des enfants portera à, au moins une reprise, ses mains près du noyau pathogène, l'interdit attire. Tu n'es, bien sûr, pas qu'un danger, car tu es aussi l'une des conditions à l'alimentation depuis des siècles ou encore un moyen de se chauffer depuis des décennies et aujourd'hui. Autrefois nécessaire au cours de l'hiver, tu es aujourd'hui facultatif et a un effet plus décoratif depuis l'émergence d'une autre forme d'énergie qui est l'électricité.

## 44.

Petit insecte, tu es dans de nombreux cas de figure complètement inoffensif. Le plus dérangeant est ta présence massive en particulier au sein de paysages ruraux .Durant l'été tu entres alors dans les demeures aérées et manifestes un certain vacarme au cours de tes déplacements. Bien sûr, avant de t'en aller tu aimes à laisser une partie de toi dans des endroits inaccessibles mais voyants. Ton « présent » est microscopique, mais associé à celui de tes camarades, il forme un agglomérat de couleur noirâtre. Ta présence incite même certains d'entre nous à se transfigurer en de véritables meurtriers le temps d'un été.

## 45.

Quelle que soit ta taille, tu es un insecte dont beaucoup d'entre nous et surtout les plus jeunes sont effrayés. Nous nous sommes pour beaucoup déjà empêchés d'entrer au sein d'une pièce où tu demeurais perchée sur les hauteurs grâce aux habitats que tu te construis en une poignée de secondes. Pourtant inoffensive pour la plupart de tes congénères, tu finis tout de même très souvent écrasée sur un mur ou au sol par des personnes qui pourtant affirment que ta présence confirme le caractère sain de leur demeure.

## 46.

Très souvent évoquée dans le cadre de problèmes de santé publique, tu es l'objet de nombreuses allergies. Très souvent évoquée, peu d'entre nous seraient néanmoins capables d'identifier précisément ta nature. La seule chose que nous savons est l'endroit où il est fréquent de te trouver car l'allergie que tu provoques touche beaucoup d'enfants qui se trouvent alors privés de nombreuses gourmandises qui pourtant devraient leur être accordées. Nous savons où tu te trouves mais non précisément qui tu es.

## 47.

Matériau d'une grande valeur, tu représentes tantôt un placement juteux, tantôt un risque de perte immédiate. Chacun de nous t'a déjà vu à maintes reprises et une grande majorité de la population te porte régulièrement. Tu formes dans la majorité des cas la matière première pour l'élaboration de petits objets ornant certaines parties du corps, dans d'autres cas moins fréquents, jaune ou gris principalement tu peux orner une robinetterie de prestige.

## 48.

Prince des forêts tu es un animal majestueux, grand et fort. Les arcs monstrueux mais magnifiques posés sur ton crâne te donnent une toute-puissance contre les hommes désarmés. Ton cri, que certains se plaisent à imiter te sert à attirer les femelles de ton espèce dans le but d'offrir à dame nature un nouvel individu de ton espèce. Dans certaines régions tu es protégé, dans d'autres tu es chassé au cours de magnifiques cérémonies orchestrées par d'illustres cavaliers somptueusement vêtus.

## 49.

Le nom qui te désigne est polysémique. Il désigne tantôt un être pourvu d'une conscience selon certains philosophes, et comporte tantôt une connotation péjorative. Tu es souvent considérée comme dépourvue de conscience mais pourvue d'une faculté que les hommes ne possèdent pas : la faculté de voler. Oiseau recherché par des hommes passionnés qui te traquent la moitié de l'année, selon les conventions, mais également pour la raison suivante : oiseau migrateur, tu t'envoles vers de lointains horizons le reste de l'année.

## 50.

Jaunâtre, tu es une substance que l'on trouve dans beaucoup de nos plats. Salé ou non tu régales toute personne ayant su percevoir ton goût inimitable. Bien sûr, les Parisiens et les Bretons ne s'entendent pas sur la façon de te déguster, certains le veulent doux, d'autres salé. La seule chose qui ne varie pas au gré des régions ni des plats est ta teneur graisseuse et ta capacité à forte dose, à augmenter le cholestérol de certaines personnes.

## 51.

Ouvrage gargantuesque, tu es l'un des premiers livres qui soit passé par les mains des premiers imprimeurs tant ton contenu était le centre des préoccupations du XVIe siècle. Aujourd'hui, peu de personnes ignorent ton existence, mais peu de personnes t'ont également lue. Certains en revanche voient en toi un ouvrage de référence tant tu es au cœur de leurs préoccupations qui depuis quelques années sont devenues des affaires privées. D'autres ne t'ont pas lue par conviction mais par simple curiosité pour un livre aussi gros qu'un dictionnaire dont on parle tant et qui narre pour certains d'entre nous l'histoire de la vie et pour d'autres une simple fiction utilisée pour donner un sens à l'existence humaine.

## 52.

Objet indispensable à la bonne connaissance et perception du monde de certaines personnes, tu as évoluée au cours du temps. Autrefois seulement pratique, tu es aujourd'hui un véritable objet de mode variant de forme et de couleur au gré des goûts de ton possesseur. Utile à de plus en plus de personnes aujourd'hui, en vue entre autres du développement des nouvelles technologies tu restes néanmoins un objet d'une extrême valeur.

## 53.

De forme circulaire, tu es un mets apprécié par beaucoup d'entre nous. Composé d'une coque solide, tu renfermes un contenu plus liquide. Ton ensemble peut être tantôt sucré, tantôt salé, mais ta forme et ta taille ne varient quasiment pas. Quel que soit ton goût, nous te dégustons sans faim tant tu es petit et envoûtant. Un des symboles culinaires français, tu t'exportes à travers le monde aujourd'hui, et revêts de nombreuses couleurs et formes différentes, bien loin de tes aspects et goûts que l'on dirait plus authentiques.

## 54.

Nous t'utilisons à tort et à travers puisque peu d'entre nous prenons conscience de la portée de ta signification. Tu fais partie des premières règles qu'un jeune élève apprend, crédule, sans se poser la moindre question. Plus tard, nous oublions bien souvent de te placer au sein de la syntaxe, oubliant la forme afin de privilégier le sens. Tu restes, malgré ces oublis, l'élément indispensable au commencement de toutes nos phrases même si bien souvent, nous finissons par devenir ignorants sur la façon dont il faut te tracer.

## 55.

Le terme qui te désigne, comme de nombreux autres, est polysémique et évoque une réalité tantôt concrète, tantôt abstraite. Tu peux être un objet palpable permettant d'accéder à un lieu plus élevé. Quand ta signification renvoie à une notion abstraite, tu es une activité caractérisée de « sportive » mais que beaucoup pratiquent sans même en être conscients. Quelle que soit ta signification, tu es un substantif que nous prononçons au quotidien sans se rendre compte que tu peux aussi devenir objet d'écriture.

## 56.

Instrument utile au quotidien, tu existes depuis des décennies. Utile autant en intérieur qu'en extérieur, tu sers de transfert entre un endroit donné et le lieu où nous déversons la matière que nous avons pu extraire grâce à ton emploi. Généralement plus grande et robuste pour l'extérieur, tu deviens plus petite et plus souple pour ton usage en intérieur. Au fil du temps, tes couleurs ou la matière dont tu es faite ont évolué, mais ta place lorsque tu n'es pas utilisée reste quasiment toujours la même : dans le fond d'un placard.

## 57.

Ton propriétaire peut être terrien ou marin, ainsi ton apparence et ta solidité ne sont pas systématiquement les mêmes. Nous pouvons également te trouver au sein de dessins animés, en guise de décoration au centre d'une table ou dans le « sceau de plage » d'un enfant. Tu peux faire office de décoration ou être la demeure des plus petits animaux qui nous environnent ; ceux-ci te gardent toujours auprès d'eux tant ta fragilité est attestée, surtout chez l'un d'entre eux qui en plus d'être lent possède une maison « en carton », selon les expressions communes.

## 58.

Substance au goût très amer, tu es blanche comme colombe mais éphémère, t'en allant au fil des flots. Ta sécrétion est due au mouvement brutal de ton avancée au bord du rivage. Ton nom revient dans de nombreux poèmes antérieurs car tu représentes la douceur, la légèreté et l'inconstance. Qui donc n'a jamais vu la mer, n'a alors jamais pu mettre une image sur ton nom si souvent prononcé tant ton apparence peut être rapprochée de beaucoup d'autres.

## 59.

Immense animal, tu effraies autant que tu fascines. Tu es le personnage principal de nombreux films d'action, des films que nous avons tous au moins vu une fois ou à propos desquels nous avons entendu des commentaires. Beaucoup d'idées reçues circulent à ton sujet, mais tu ne demandes qu'une chose : vivre en paix au fond de l'immensité océanique. Géant des mers, nous t'apercevons de plus en plus au bord de nos côtes où tu t'échoues, désorienté. Le film d'horreur commence alors, mais bien souvent, tu es inoffensif et ne cherches qu'à rejoindre tes congénères au large, à partir d'où les côtes n'étant plus visibles, ne sont qu'un mauvais souvenir.

## 60.

De diverses formes, tu te poses sur les visages afin d'offrir à ton possesseur une tout autre apparence ou personnalité par exemple. Utilisé lors de représentations, tu peux être l'élément indispensable à la constitution d'un personnage. Outre cette fonction, tu es pareillement un jeu pour les enfants qui apprécient de te porter afin d'effrayer leurs voisins et espérer obtenir d'eux les sucreries tant convoitées, le temps d'un certain soir d'automne.

## 61.

Tu es un petit être, dans la plupart des cas, inoffensif pour les hommes demeurant à tes côtés. Certaines de tes semblables, au contraire, sont plus dangereuses même si cette dernière reste limitée. Beaucoup d'entre nous violent ton intimité, il faut bien dire que tu aimes à t'installer au sein d'endroits où les hommes n'apprécient guère ta venue. Tu es souvent représentée dans des dessins animés ou évoquée dans des comptines. Malgré cette notoriété la plupart d'entre nous n'éprouvent aucun remord à t'exterminer d'un battement de pied.

## 62.

Certains t'appellent une erreur de jeunesse, d'autres la marque indélébile représentant une passion ou un amour. Quel que soit ton motif, tu fais la joie de celui qui te porte et quelques fois l'admiration des personnes qui t'aperçoivent. Situé dans un endroit plus ou moins caché, tu es pour certains une « horreur » que le propriétaire regrettera forcément au cours de ses vieux jours lorsque le corps ne sera plus aussi réactif et souple que durant la jeunesse. Dans la majorité des cas, une réaction qui est prévisible est celle de la compassion des personnes imaginant la douleur éprouvée lors de ta confection, en particulier quand le motif couvre une grande partie du corps.

## 63.

Tu es la matrice de tout être qui naît en ton sein. Alors que personne ne le voit encore, tu le sens et vas en prendre soin jusqu'à ce que quelqu'un bien plus grand que celui que tu produis prenne le relais. Certains te qualifient d'organe récepteur, surtout en psychologie d'après l'étude de l'inconscient des jeunes enfants. Tu es également, pour certaines femmes, l'élément qui fait justement d'elles des femmes. Nous parlons beaucoup de toi mais en réalité personne ne te voit jamais, mis à part un certain nombre de médecins spécialisés.

## 64.

Beaucoup parlent de toi, de ta substance, des effets que tu produits sur ton propriétaire, mais rares sont ceux qui t'ont un jour aperçue. En effet, les brimades fusent à ton sujet. Beaucoup déclarent à d'autres que tu es inexistant chez eux. Tu es devenu un objet familier, mais en réalité seuls certains professionnels du milieu médical t'ont un jour entrevue et, peut-être, soignée.

## 65.

Au cours de ta maturation tu peux revêtir deux couleurs différentes. En effet avant ta maturation tu peux en revêtir d'autres. Pour certains ton goût est plus raffiné lorsque c'est la couleur verte qui te recouvre. Pour d'autres, verte ou noire, ton goût est le même et ta fonction également, qui est souvent celle d'accompagner un apéritif entre amis. Il est également possible de te trouver dénoyautée (ou non) sur un mets dont beaucoup raffolent et qui nous vient tout droit d'Italie.

**66.**

Tu existes depuis le début de notre ère. Mais ta forme, ta taille et ton prix ont changé grâce à l'invention d'un homme du XVIe siècle. Peu pratique pour nos lointains ancêtres, leurs contemporains ont milité afin de faire évoluer ta forme, de faciliter ton transport et pour la divulgation du savoir. Aujourd'hui nous recherchons les premiers exemplaires créés qui peuvent atteindre des prix exorbitants en vue de leur rareté.

## 67.

Tantôt un fruit juteux tantôt un bout de papier. Tu es selon cette première signification tout à fait plaisante et sucrée, pour ton autre signification plutôt salée. Il est possible de te retrouver aux extrémités de branches d'arbres pour le sens propre de ton terme, ou glissée entre les essuie-glaces et le pare-brise des voitures dont les propriétaires n'auraient pas respecté les règles imposées pour ton sens figuré.

## 68.

Épicentre de nombreux produits végétaux ayant succédé à la fleur, tu peux être agaçant, dangereux ou à l'origine de grandes choses. Agaçant est l'adjectif qui te qualifie lorsque les dents effleurent ta matière car cela symbolise la fin de la dégustation. Tu es dangereux pour les plus petits et d'autant plus lorsque ta taille s'amoindrit car ils ne font pas attention à ta présence et risquent de t'avaler. Tu es à l'origine de grandes choses quand au lieu de te jeter, certains t'enfouissent sous terre en espérant un jour te voir grandir et leur procurer ce même plaisir indéfiniment.

## 69.

De diverses tailles, couleurs et aspects, tu es domestique, sauvage ou le produit d'un élevage. Les plus petits te donnent un nom et aiment à te regarder au cours des mouvements circulaires que tu perpétues inlassablement. Quand ta fonction est de nourrir, les petits t'apprécient un peu moins et ne te connaissant bien souvent que sous ta forme rectangle. Lors de l'apprentissage de ta forme orthographique gare aux étourdissements, la simple omission d'une de tes consonnes doublée suffit à donner une tout autre signification et un tout autre référent que celui qui te convient et celui-ci moins positif.

## 70.

Tu es le symbole de l'amour lorsque tu portes la couleur grenat. Tu es un présent appréciable et apprécié par de nombreuses femmes qui, peinées de ton caractère éphémère te font souvent sécher et conservent les premières reçues. Ta signification varie selon ta couleur mais tu dégages dans la majorité des situations, un message de paix et d'amour. Tu procures, même dans ton individualité, une grande joie à celui ou celle qui te reçoit. En véritable entremetteuse, tu apparais également dans de nombreux films au sein desquels tu symbolises l'amour.

## 71.

Tu existes depuis des décennies. Autrefois utile voire indispensable en particulier durant les longues soirées d'hiver tu es aujourd'hui porteuse de symboles dans la littérature ou objet de décoration au sein des foyers modernes. Tu représentes dans la majorité des situations la vanité de l'existence à l'aide de ton balancement au moindre coup de vent. Tu es aujourd'hui rarement utilisée dans le but d'assurer ta fonction première, ou en de très rares cas comme celui de défaillance d'un système. Tu es au contraire utilisée pour donner une certaine ambiance à une pièce ou pour la parfumer.

## 72.

Le nom par lequel tu es communément appelée peut signifier différentes choses telles qu'une joie manifestée spontanément ou le nom d'une espèce animale volante. Cette espèce animale que tu désignes est utilisée pour représenter la mort dans de nombreux ouvrages littéraires, par exemple. La polysémie du terme qui te désigne fait ainsi figure d'antithèse, une antithèse marquée également par l'engouement survenu quand la mode s'est emparée de ton image. Beaucoup d'entre nous t'ont portée sous forme de bijou sans justement prendre conscience des connotations de ta signification.

## 73.

Autrefois simplement utiles, vous êtes devenus au cours des années des véritables objets de mode pouvant atteindre des prix de vente exorbitants pour la simple présence d'une lettre ou d'un motif sur un fond monochrome. Ton utilisation peut avoir un aspect positif car grâce à toi, ton possesseur ne dérange personne et n'impose en nulle manière ses goûts, mais elle peut également présenter un aspect négatif car tu peux provoquer l'isolement d'une personne se retrouvant dans un univers différent de celui du monde environnant durant l'espace de quelques instants.

## 74.

Fragment du corps humain par lequel de nombreuses émotions ainsi que les signes du temps qui passe peuvent transiter. La peau qui te recouvre, vient à se plisser lors d'émotions fortes telles que l'étonnement ou le sentiment de rage, d'énervement. Quant à l'âge, tu trahis celui de certaines personnes qui, dès l'apparition de tes premiers mouvements, s'empressent d'appliquer de nombreuses couches de « crème miracle » censée atténuer cet effet du temps qui passe.

## 75.

Au fil des décennies, non ton utilisation mais la fréquence de celle-ci, a changé. En effet, autrefois utilisé dans un nombre incalculable de régions comme une denrée alimentaire indispensable et peu coûteuse, tu es aujourd'hui quelque peu renié par les pays développés ou en voie de développement. En dépit de ces évolutions, tu restes tout de même dans les mœurs, ce que l'on appelle « l'aliment du pauvre ».

## 76.

Pour certains, tu es disgracieuse et représentes une imperfection. Pour d'autres, tu es le signe d'une singularité. Le terme qui te désigne est peu évocateur. Ce dernier suggère implicitement la présence d'une chevelure couleur de feu ; or, dans de nombreux cas, celle-ci n'est pas automatique. De plus, ton appellation composée comporte un nom peu flatteur mais qui te représente de façon significative car tu te manifestes par une succession de tâches rousses parsemées de façon indélébile sur le corps, et cela accentué au gré des expositions solaires de celui ou celle qui te porte.

## 77.

Comme pour de nombreux autres termes, ta signification varie en fonction du contexte. Pour certains, ton évocation suggère un itinéraire de quelques heures reliant les deux endroits en question. D'autres plus gourmands n'auront besoin que de tes deux premières syllabes pour faire pétiller de plaisir leurs papilles gustatives.

## 78.

Tu attires tantôt la peur, tantôt la fascination ou l'attendrissement de ceux qui te contemplent au sein de ta situation d'exilé. Effectivement, il n'est possible de te contempler sans risque que lorsque tu es enfermé et surveillé. Par extension, le désir de t'enfermer peut être perçu comme un enfermement de nous-mêmes par l'oubli de nos origines.

## 79.

Tu peux désigner une partie du corps, une divinité, ou appartenir à la flore. Suivant la signification du terme en contexte tu es tantôt une condition nécessaire à la vue, tantôt une fleur de couleur émeraude ou améthyste avec un soupçon de soleil, ou messagère divine. Lorsque tu désignes le prénom d'un être humain, tu ne présentes aucun signe particulier. Contrairement aux fleurs, les hommes sont tous différents, instables et changeants.

## 80.

Tu es un organe non indispensable à la vie humaine mais très utile, non quelque chose de beau mais quelque chose qui suscite souvent beaucoup de plaisir et de sensations aussi bien pour celui ou celle à qui tu appartiens que pour celui que tu effleures. Pour celui à qui tu appartiens, tu procures plus ou moins de plaisir en fonction de ce qui est placé sur ta surface et pour celui que tu frôles, le plaisir que tu provoques dépend de l'endroit où tu es posée. Dans la plupart des cas de figure, ton utilisation provoque le plaisir mise à part une seule situation où tu es sortie du lieu de ton repos afin de faire office d'injure.

## 81.

Tu es un aliment ambivalent en tous points de vue. Tu es tantôt apprécié, tantôt oublié et renié en vue de ton aspect extérieur, ton goût ou la matière dont tu es composé. Tu peux constituer la base d'un plat comme le simple accompagnement d'un mets. Tu peux faire l'objet d'une quête effrénée de passionnés accompagnés d'animaux aux talents inouïs, pour d'autres tu te trouves partout et deviens une base de l'alimentation.

## 82.

Certains mots sont dits polysémiques car deux significations au moins leur sont attribuées mais que dire d'un mot qui en traversant les décennies s'est enrichi de significations tout aussi différentes les unes des autres. En effet, tu peux signifier à toi seul quatre choses ou notions, cela constituant néanmoins une liste non exhaustive. Tu peux désigner un animal à plumes, un plat utilisé en cuisine, un terme affectueux ou le nom que l'on donne à une femme dite « entretenue ». Autant de significations qu'il y aura de changements et d'évolutions au cours du temps.

## 83.

Toi et les petits que tu engendres par procréation sont les ennemis des enfants et des cours de récréation, voire en certaines occasions des plus grands. Une fois installés, il devient difficile de vous déloger tant votre nombre est élevé lors de la fusion de plusieurs de vos congénères sur chaque individu et tant votre taille est restreinte pour être perçue de l'œil humain. Tu te présentes chaque année mais l'on ne sait que très rarement, voire jamais, sur la tête de quel chérubin tu étais au départ, avant de prendre la décision d'aller aussi voir chez le voisin.

## 84.

À première vue tu n'es qu'une simple fleur souvent blanche ayant tout de même la possibilité de revêtir de nombreuses couleurs acidulées. Ta symbolique elle, ne s'arrête pas à cette première vue. Ton nom se retrouve dans de nombreux illustres ouvrages et quelques fois au sein de leur titre. Outre ta fonction de fleur et ta place prestigieuse tu as une symbolique forte qui est celle de la royauté française sous Louis VII par exemple. Cette prestigieuse analogie que l'on te prête fait de toi une fleur hautement symbolique, bien plus que la rose qui a pourtant été plus popularisée.

## 85.

Véritable objet de mode, tu te portes à tout moment de l'année. De différentes manières et différents coloris. Quelquefois controversé quand tu es utilisé comme objet lié à un culte religieux, ta fonction première est celle d'une protection contre le froid ou d'une protection de l'intimité. Tu te portes en effet, quelques fois par certaines personnes qui voient en toi un allié contre les éventuels regards extérieurs, tu deviens alors une protection et un élément indispensable.

## 86.

Petit animal aujourd'hui domestiqué tu es quelques fois traité à la manière d'un objet. Tu peux en effet être gagné lors de fêtes pour enfants ou encore être acheté pour une poignée d'euros. Tu finis ensuite au sein d'un petit logis que tu parcours à l'infini tout au long de ton existence. À l'inverse des chiens ou chats, tu n'es pas enterré dans le fond du jardin mais plutôt jeté dans une tout autre espèce de demeure finale beaucoup moins majestueuse.

## 87.

Vaste et majestueux oiseau tu es au centre des mythes inculqués aux enfants. L'histoire de ton rôle fait rêver les petits comme les grands tant l'aventure est utopique. Avec ton grand bec tu es, selon le mythe, l'origine de la vie que tu emmènes sur terre de ton vol assuré. Ton pelage ivoire inspire la pureté et la beauté de l'enfant que tu emmènes. Une fois la vérité comprise par les plus grands, tu restes tout de même en mémoire et nous nous remémorons ces histoires d'oiseau portant en son bec le nourrisson tant attendu.

## 88.

Objet du commun au départ, tu es vite devenu le stéréotype de toute une profession liée aux flots. Beaucoup de croyances sont venues, au fil du temps, se greffer à ton image. Toujours représenté de la même façon, toujours de la même couleur, tu existes aujourd'hui sous tant de produits dérivés, allant du simple objet de décoration au chocolat de grands artisans. Tu es ainsi ancré dans l'imaginaire collectif et est porteur de beaucoup de rêves pour ceux qui seraient dignes de te porter.

## 89.

Le terme qui te désigne est, comme de nombreux autres, polysémique. Tu évoques en un sens le nom d'une femme célèbre et reconnue pour ses talents artistiques. D'un autre côté il est possible d'utiliser ton terme pour nommer un oiseau très peu onirique et qui est devenu par extension l'objet d'une comparaison pour identifier quelqu'un dont on dirait que la langue est « bien pendue ». La première signification qui vient à l'esprit dépend bien sûr du contexte dans lequel se trouve le locuteur, et des goûts et prédispositions de celui-ci.

## 90.

Tu évoques tantôt un arbre devenu un symbole de fête, tantôt une expression qui dans la vision collective donne de mauvais présages. Pour ta première signification tu es le symbole d'une fête que beaucoup de personnes n'envisagent pas sans ta présence et en particulier les petits pour lesquels tu représentes la magie et le bonheur. Pour ta seconde acception, l'image est elle aussi liée à ton caractère boisé mais doté d'une connotation beaucoup plus péjorative qui est celle de la fin d'une vie.

## 91.

Animal représenté comme gigantesque et que nous dirions aussi inoffensif qu'une mouche, bien que des millions de fois plus grand, dans les dessins animés. Tu es aujourd'hui entré au sein de l'imaginaire collectif même si aucun d'entre nous au XXIe siècle ne t'a jamais vu. Les principales caractéristiques avec lesquelles nous te représentons sont ta taille et ton poids démesurés. Pour finir ton nom est souvent évoqué pour au sein d'insultes enfantines liées à la superficie d'une personne ou d'un objet.

## 92.

De forme circulaire, tu es plus ou moins régulière. Entité provenant de la nature, tu ne revêts jamais deux fois la même forme. Tantôt rouge, verte ou jaune, tu portes des noms acidulés qui donnent l'eau à la bouche à leur simple prononciation. Tu fais partie des aliments les plus consommés, c'est ton unique fonction. Bien sûr, certaines personnes beaucoup plus inventives voudraient te trouver d'autres attributs comme un certain homme de lettres qui désirait se cacher en ton sein.

## 93.

Technologie apparue il n'y a pas si longtemps à l'échelle du monde, tu es aujourd'hui incontournable pour beaucoup d'entre nous qui t'utilisons quotidiennement afin de se divertir ou de se faciliter l'existence. Tu es aujourd'hui entré dans les mœurs et parais inoffensif, or pour les plus jeunes tu peux devenir nocif. Les générations actuelles ont grandi en ta présence ne se doutant pas que tous les services que tu peux offrir peuvent s'avérer dangereux pour quiconque ne sachant pas parfaitement distinguer le bien du mal.

## 94.

Tu es un lieu fort éloigné mais que chacun atteindra selon les croyances que l'on inculque très souvent aux enfants. Tu es souvent considéré comme le lieu du rêve, de l'évasion, de la découverte. Tu es un lieu si mystérieux, éloigné et qu'il est si difficile d'atteindre que beaucoup s'exercent à t'apprivoiser, te connaître ou t'explorer. Pour certains d'entre nous, tu es un lieu divin, inaccessible, et le lieu de la naissance de tout, aussi bien que de la fin.

## 95.

Au cœur d'une coque épineuse et jaunâtre, ta délivrance nécessite de nombreux efforts à celui qui souhaite te posséder. Symbole d'une saison particulière, chacun aime à te déguster chaude ou froide et tu es selon certains d'entre nous, une prémisse de grandes fêtes familiales. Tout comme pour la cueillette des champignons, tu te trouves en milieu boisé et ta cueillette est chaque année un rituel pour beaucoup, les grands comme les petits.

## 96.

Très évocatrice, tu représentes de nombreuses réalités contraires. Associée aux fleurs tu es souvent symbole de passion et d'amour. Placée sur un corps tu es l'indice d'une souffrance, d'un mal ou d'une sécheresse. Sur une copie tu es la couleur de l'erreur, et pour la mode tu es intemporelle et symbole de la féminité, surtout quand tu es utilisée en vue de sublimer la beauté des lèvres ou des ongles.

## 97.

Couleur de feu, tu peux être symbole de la passion tout comme le cœur d'un cliché attribué aux femmes en attente de donner la vie. Appréciée par la plupart de la population, tu peux te déguster enrobée de sucre voire de chocolat ou tout simplement dans ton état naturel, au sortir du feuillage qui te couvrait. Symbole de l'été, autrefois souvent à l'état sauvage comme les mûres tu deviens aujourd'hui plus rare donc plus souvent artificiellement produite.

## 98.

Objet de la vie quotidienne nous passons plusieurs heures de notre vie à t'ouvrir et te fermer, toujours pour symboliser le début ou la fin de la journée. Lorsque ton usage n'est pas celui-ci, tu peux être utilisé afin de réduire ou augmenter la luminosité ou afin de créer un univers plus intime, caché de l'extérieur. Tu peux servir à créer un univers de solitude et de calme loin de l'agitation extérieure grâce à ta fonction hermétique.

## 99.

Objet de fête, tu peux contribuer à la joie et aux rires. Dans une autre mesure tu peux représenter le lieu du faux, un objet derrière lequel il est possible de se cacher. Tu peux être un moyen de se soustraire du regard des autres et de soi-même, le temps d'un instant pour faire une drôlerie ou créer un effet de surprise. Tu peux également constituer un moyen permanent de se cacher derrière des apparences afin de s'exclure du regard et du jugement d'autrui qui ne pourra examiner que ce que l'on donne à voir.

## 100.

Trésor d'une beauté sans pareille, tu es enfermée au sein d'une coque rigide et peu attrayante. Difficile à déloger de ton antre, rien ne laisse présager, de l'extérieur, ta présence au centre d'une masse informe et visqueuse qu'est l'animal qui te préserve et te produit. Tu deviens ornement de parures, de bijoux et perds de ta valeur mystérieuse et inattendue au fur et à mesure des évolutions industrielles qui parviennent aujourd'hui à te reproduire artificiellement.

1. Cheveu
2. Talon
3. Tabac
4. Hiver
5. Vitre
6. Étoile
7. Cœur
8. Tomate
9. Bouton
10. Poussière
11. Cailloux
12. Dent
13. Pied
14. Poil
15. terre
16. Pluie
17. Sable
18. Sel
19. Poubelle
20. Oignon
21. Couche
22. Mauvaise herbe
23. Mouette
24. Vernis à ongles
25. Sécrétion nasale
26. Salive
27. Larmes
28. Poils d'animaux
29. Cordon ombilical
30. Arme
31. Algue
32. Clé
33. Chaise
34. Bois
35. Arbre
36. Gomme
37. Mouchoir
38. Fleur
39. Nez
40. Écran
41. Herbe
42. Feuille
43. Feu
44. Mouche
45. Araignée
46. Arachide
47. Or
48. Cerf
49. Bécasse
50. Beurre

51. Bible
52. Paire de lunettes
53. Macaron
54. Majuscule
55. Marche
56. Pelle
57. Coquille
58. Écume
59. Requin
60. Masque
61. Fourmi
62. Tatouage
63. Utérus
64. Cervelle
65. Olive
66. Livre
67. Prune
68. Noyau
69. Poisson
70. Rose
71. Bougie
72. Chouette
73. Écouteurs
74. Front
75. Riz

76. Tache de rousseur
77. Paris-Brest
78. Gorille
79. Iris
80. Langue
81. Champignon
82. Cocotte
83. Poux
84. Lys
85. Foulard
86. Poisson rouge
87. Cigogne
88. Bonnet de marin
89. Piaf
90. Sapin
91. Mammouth
92. Pomme
93. Internet
94. Ciel
95. Châtaigne
96. La couleur rouge
97. Fraise
98. Volets
99. Déguisement
100. Perle de culture

**Photocomposition**
Nathalie Costes


**DÉPÔT LÉGAL**
**Juin 2015**
**réédition décembre 2015**


Imprimé par Books on Demand GmbH, Nordertedt, Allemagne